Serge Herbert Obou

LE LANGAGE DE L'EAU QUE LA SCIENCE NE PEUT PAS COMPRENDRE

Serge Herbert Obou

LE LANGAGE DE L'EAU QUE LA SCIENCE NE PEUT PAS COMPRENDRE

Les propriétés de l'eau sont un scandale pour la science. Célébrons l'eau pour que demain nos enfants puissent en boire

Éditions Croix du Salut

Imprint

Cover image: www.ingimage.com

Publisher:
Éditions Croix du Salut
is a trademark of
Dodo Books Indian Ocean Ltd. and OmniScriptum S.R.L publishing group

120 High Road, East Finchley, London, N2 9ED, United Kingdom
Str. Armeneasca 28/1, office 1, Chisinau MD-2012, Republic of Moldova, Europe
Printed at: see last page
ISBN: 978-620-6-16848-5

A Aoum Baoum

Table des matières

L'eau sur la terre rend possible la vie ainsi que sa transmission.

L'eau est composée de deux atomes d'hydrogène et d'un atome d'oxygène.

1/LA GLACE D'EAU

Quand l'eau liquide devient la glace, son volume augmente.

Il existe trois états de matière, solide- liquide – gazeux.

L'eau c'est l'état liquide de H2O.

Si on va au-dessus de 100 degrés : c'est l'état gazeux de H2O c'est-à-dire la vapeur d'eau.

Et en dessous de 100 degrés l'eau se solidifie pour devenir de la glace.

La densité des différents états de H2O

La densité de la glace est plus faible que celle de l'eau liquide.

La densité de l'eau liquide = 1,0

La densité de la glace = 0,9

À masse égale, la glace occupe 10 volumes en plus que l'eau liquide.

C'est une chose tout à fait exceptionnelle, car la plupart des corps c'est l'inverse, le solide est plus dense que le liquide.

Par exemple :

L'eau :

- densité liquide : 1,0
- densité solide : 0,9

Éthanol (alcool) :

- densité liquide : 0,8
- densité solide : 1,0

Aluminium

- densité liquide : 2,4
- densité solide : 2,7

Fer

- densité liquide : 7,1
- densité solide : 7,9

NORMALEMENT, les solides sont plus denses que les liquides. Il y a une bonne raison à cela, c'est à voir avec l'organisation des états de la matière :
Dans un gaz, les molécules sont assez éloignées les unes des autres. Elles ne se touchent à moins qu'il y ait des chocs entre elles.

Dans un liquide, c'est un état où les molécules sont liées les unes aux autres mais dans un mouvement désordonné.

Dans un solide, c'est un état où les molécules sont liées les unes aux autres de façon très structurée dans une organisation qu'on appelle un cristal.

Généralement l'organisation bien structurée d'un solide sous forme de cristal prend moins de place que l'organisation moins désordonnée d'un liquide.

En général donc le solide est plus dense que le liquide correspondant. Cependant, l'eau est une exception à cette règle à part des eaux composées telle que Le BISMUTH, LE PLUTONIUM, LE GALLIUM et L'ACIDE ACÉTIQUE.

Le Fait que la glace soit moins dense que l'eau a une conséquence essentielle :

La Glace ne coule pas mais elle flotte. Cette caractéristique est cruciale pour le développement de la vie.

Puisque la glace flotte, c'est donc la surface des rivières qui gèlera et non le fond de la rivière.

Quand la surface de la rivière gèle, la glace isole ainsi la vie et permet la vie au fond de la rivière.

2/ LA VAPEUR D'EAU

Dans les conditions normales, l'eau boue à 100 ° degrés et passe de l'état liquide à l'état gazeux.

Observation :
L'eau à température ambiante est sous forme liquide. Ce qui n'est pas normal du tout !

Si on considère les molécules qui ressemblent à l'eau, on se serait attendu que l'eau soit plutôt gazeuse à température ambiante.

Observons le tableau de Melelief.

L'eau c'est 2 atomes d'hydrogène pour 1 atome d'oxygène.

Dans le tableau autour de l'oxygène, on trouve d'autres éléments qui forment des molécules avec l'hydrogène.

* **L'Azote** forme avec 3 atomes d'hydrogène de l'ammoniac (NH3).
Ammoniac est un gaz à température ambiante.

* **Le Carbone** forme avec 4 atomes d'hydrogène du méthane (CH4).
Le méthane est un gaz à température ambiante.

* **Le Souffre** forme avec 2 atomes d'hydrogène le sulfure d'hydrogène (H2S).

Le sulfure d'hydrogène est un gaz à température ambiante.

Mais il y a aussi H3P, HF, HCI qui sont tous des gaz.

Dans ce groupe, seule l'eau est un liquide à température ambiante.

3/ LA TEMPÉRATURE D'ÉBULLITION

Le tableau de Melelief c'est intéressant de le lire par colonne.
Une colonne regroupe des éléments qui ont des propriétés chimiques assez analogues.
Par exemple, la colonne du carbone :
- Le méthane (CH4) en dessous on a le silicium (SiH4) en dessous le géranium (GeH4), en dessous l'étain (SnH4)...etc.
Plus on descend dans la colonne plus on forme des molécules de base élevée.

Il y a une chose assez connue, c'est qu'en général, plus une molécule est lourde plus sa température d'ébullition augmente.
Autrement dit, les plus petites molécules ont des températures d'ébullition plus bases.

Considérons la colonne du carbone :

- Le méthane (CH4) qui est la plus petite molécule de la colonne du carbone dont la masse molaire est inférieur à 20 : température d'ébullition est en dessous de -150°

- Le silicium (SiH4) la masse molaire est inférieure à 40 : température d'ébullition est en dessous de -100°

- Le géranium (GeH4) la masse molaire est inférieure à 80 : température d'ébullition est en dessous de -50°

- l'étain (SnH4) la masse molaire est supérieure à 120 : température d'ébullition est presqu'à -50°

Considérons la colonne de l’oxygène :

- L’eau (H20) qui est la plus petite molécule de la colonne d’oxygène a une masse molaire est inférieure à 20 et pourtant sa température d’ébullition est égale à 100°.

- H2S qui a une masse molaire inférieure à 40 et une température d’ébullition est égale à -50°.

-H2Se qui a une masse molaire de 80 et une température d’ébullition est un peu supérieure à – 50°.

- H2Te qui a une masse molaire de plus de 120 et une température d’ébullition est égale à 0°.

On se ferait attendu qu’avec cette masse molaire, la température d’ébullition de l’eau serait de -150° et que l’eau serait un gaz à température ambiante. Mais que non, l’eau, avec ses propriétés illogiques pour la science, est un liquide.

Ces propriétés de l’eau sont au désavantage de la science qui recherche en tout des constantes.

Mais que l’eau soit un liquide est à l’avantage du développement de la vie sur la terre.

En effet, Le Vivant c’est tout un tas de réactions chimiques assez complexes et donc il y a des molécules qui doivent pouvoir se déplacer, voyager, se rencontrer, interagir, s’agencer etc et pour cela le liquide c’est l’idéal.

- En fait, les contacts entre les molécules sont trop rares dans un gaz, la vie aurait du mal à s'y développer.

- Dans un solide, tout le monde est un peu coincé. Les molécules ont de la peine à bouger. La vie serait impossible dans ces conditions.

- Le liquide est parfait pour des réactions chimiques. Les molécules sont proches les unes des autres et peuvent aussi bouger librement. C'est ça le secret de la vie sur la terre.

4/ LES SAINTES ECRITURES DANS LA COMPREHENSION DES PROPRIETE DE L'EAU

Les propriétés illogiques de l'eau pour la science ont une origine.

Genèse 1 :2 «*2 La terre était informe et vide : il y avait des ténèbres à la surface de l'abîme, et* ***l'esprit de Dieu se mouvait au-dessus des eaux.***»

L'eau a retrouvé des propriétés illogiques pour la science depuis que le souffle d'Elohim est descendu pour se mouvoir au-dessus des eaux.

En effet, il peut avoir de l'eau sur d'autres planètes de notre système solaire et même en dehors de notre système solaire. Mais c'est seulement au-dessus des eaux d'où notre terre fut tiré et à partir de laquelle que notre terre fut formée, c'est au-dessus de ces eaux seules que le souffle du créateur se mouvait.

Le souffle du créateur communique la vie. Les eaux de la terre ont été fécondées d'une semence de vie qui donne la vie.

Sur la planète Mars, il peut y avoir des traces d'eau. Mais cela ne signifie pas que la vie soit possible sur la Planète Mars. Parce que la vie est possible que si l'esprit de Dieu autrement dit le souffle du créateur descende se mouvoir au-dessus de ces eaux. Ce fut le cas sur la terre et non sur Mars.

Les saintes écritures déclarent que «*5 Ils veulent ignorer, en effet, que des cieux existèrent autrefois par la parole de Dieu, de même qu'une terre tirée de l'eau et formée au moyen de l'eau, 6 et que par ces choses le monde d'alors périt, submergé par l'eau,* » **(2 Pierre 3 :5-6)**

Nous comprenons maintenant pourquoi tout pousse sur notre terre parce que notre terre a été tirée des eaux déjà fécondées d'une semence vivante et qui donne la vie.

5/ QUELQUES CONCEPTS NOUVEAUX POUR LA SCIENCE : Le concept de la vie et le concept de la manifestation de la vie

Le concept de la vie

Selon les saintes écritures la vie est une personne.

Jean 14 :6 « *6 Jésus lui dit : Je suis le chemin, la vérité, et la vie. Nul ne vient au Père que par moi.* »

La vie confère une identité. Ex : Mr Hé

L'absence de vie confère un état. Ex : Le corps de Hé

Le concept de la manifestation de la vie

La vie est le reflet de l'esprit

Jean 6 :43-63

«*43 Jésus leur répondit: Ne murmurez pas entre vous.*

44 Nul ne peut venir à moi, si le Père qui m'a envoyé ne l'attire; et je le ressusciterai au dernier jour.

45 Il est écrit dans les prophètes: Ils seront tous enseignés de Dieu. Ainsi quiconque a entendu le Père et a reçu son enseignement vient à moi.

46 C'est que nul n'a vu le Père, sinon celui qui vient de Dieu; celui-là a vu le Père.

47 En vérité, en vérité, je vous le dis, celui qui croit en moi a la vie éternelle.

48 Je suis le pain de vie.

49 Vos pères ont mangé la manne dans le désert, et ils sont morts.

50 C'est ici le pain qui descend du ciel, afin que celui qui en mange ne meure point.

51 Je suis le pain vivant qui est descendu du ciel. Si quelqu'un mange de ce pain, il vivra éternellement; et le pain que je donnerai, c'est ma chair, que je donnerai pour la vie du monde.

52 Là-dessus, les Juifs disputaient entre eux, disant: Comment peut-il nous donner sa chair à manger?

53 Jésus leur dit: En vérité, en vérité, je vous le dis, si vous ne mangez la chair du Fils de l'homme, et si vous ne buvez son sang, vous n'avez point la vie en vous-mêmes.

54 Celui qui mange ma chair et qui boit mon sang a la vie éternelle; et je le ressusciterai au dernier jour.

55 Car ma chair est vraiment une nourriture, et mon sang est vraiment un breuvage.

56 Celui qui mange ma chair et qui boit mon sang demeure en moi, et je demeure en lui.

57 Comme le Père qui est vivant m'a envoyé, et que je vis par le Père, ainsi celui qui me mange vivra par moi.

58 C'est ici le pain qui est descendu du ciel. Il n'en est pas comme de vos pères qui ont mangé la manne et qui sont morts: celui qui mange ce pain vivra éternellement.

59 Jésus dit ces choses dans la synagogue, enseignant à Capernaüm.

60. Plusieurs de ses disciples, après l'avoir entendu, dirent: Cette parole est dure; qui peut l'écouter?

61 Jésus, sachant en lui-même que ses disciples murmuraient à ce sujet, leur dit: Cela vous scandalise-t-il?

62 Et si vous voyez le Fils de l'homme monter où il était auparavant?...

63 C'est l'esprit qui vivifie; la chair ne sert de rien. Les paroles que je vous ai dites sont esprit et vie. »

Et comme l'esprit, la vie se manifeste par des vas et des vients.

Jean 3 :1-13

«1. Mais il y eut un homme d'entre les pharisiens, nommé Nicodème, un chef des Juifs,

2 qui vint, lui, auprès de Jésus, de nuit, et lui dit: Rabbi, nous savons que tu es un docteur venu de Dieu; car personne ne peut faire ces miracles que tu fais, si Dieu n'est avec lui.

3 Jésus lui répondit: En vérité, en vérité, je te le dis, si un homme ne naît de nouveau, il ne peut voir le royaume de Dieu.

4 Nicodème lui dit: Comment un homme peut-il naître quand il est vieux? Peut-il rentrer dans le sein de sa mère et naître?

5 Jésus répondit: En vérité, en vérité, je te le dis, si un homme ne naît d'eau et d'Esprit, il ne peut entrer dans le royaume de Dieu.

6 Ce qui est né de la chair est chair, et ce qui est né de l'Esprit est Esprit.

7 Ne t'étonne pas que je t'aie dit: Il faut que vous naissiez de nouveau.

8 Le vent souffle où il veut, et tu en entends le bruit; mais tu ne sais d'où il vient, ni où il va. Il en est ainsi de tout homme qui est né de l'Esprit.

9 Nicodème lui dit: Comment cela peut-il se faire?

10 Jésus lui répondit: Tu es le docteur d'Israël, et tu ne sais pas ces choses!

11 En vérité, en vérité, je te le dis, nous disons ce que nous savons, et nous rendons témoignage de ce que nous avons vu; et vous ne recevez pas notre témoignage.

12 Si vous ne croyez pas quand je vous ai parlé des choses terrestres, comment croirez-vous quand je vous parlerai des choses célestes?

13 Personne n'est monté au ciel, si ce n'est celui qui est descendu du ciel, le Fils de l'homme qui est dans le ciel. »

La vie se manifeste dans la matière à travers la respiration c'est-à-dire par des hauts et par des bas

La vie se manifeste par imitation des vagues de la mer qui ont reçu de l'esprit de Dieu une semence de vie qui communique la vie.

6 / JESUS CHRIST FACE A L'EAU

Jésus de Nazareth devint Jésus Christ au travers du baptême d'eau

Matthieu 3

«1. En ce temps-là parut Jean Baptiste, prêchant dans le désert de Judée.

2 Il disait : Repentez-vous, car le royaume des cieux est proche.

3 Jean est celui qui avait été annoncé par Ésaïe, le prophète, lorsqu'il dit : C'est ici la voix de celui qui crie dans le désert : Préparez le chemin du Seigneur, Aplanissez ses sentiers.

4 Jean avait un vêtement de poils de chameau, et une ceinture de cuir autour des reins. Il se nourrissait de sauterelles et de miel sauvage.

5 Les habitants de Jérusalem, de toute la Judée et de tout le pays des environs du Jourdain, se rendaient auprès de lui ;

6 et, confessant leurs péchés, ils se faisaient baptiser par lui dans le fleuve du Jourdain.

7. Mais, voyant venir à son baptême beaucoup de pharisiens et de sadducéens, il leur dit : Races de vipères, qui vous a appris à fuir la colère à venir ?

8 Produisez donc du fruit digne de la repentance,

9 et ne prétendez pas dire en vous-mêmes : Nous avons Abraham pour père ! Car je vous déclare que de ces pierres-ci Dieu peut susciter des enfants à Abraham.

10 Déjà la cognée est mise à la racine des arbres : tout arbre donc qui ne produit pas de bons fruits sera coupé et jeté au feu.

11 Moi, je vous baptise d'eau, pour vous amener à la repentance ; mais celui qui vient après moi est plus puissant que moi, et je ne suis pas digne de porter ses souliers. Lui, il vous baptisera du Saint Esprit et de feu.

12 Il a son van à la main ; il nettoiera son aire, et il amassera son blé dans le grenier, mais il brûlera la paille dans un feu qui ne s'éteint point.

13. Alors Jésus vint de la Galilée au Jourdain vers Jean, pour être baptisé par lui.

14 Mais Jean s'y opposait, en disant : C'est moi qui ai besoin d'être baptisé par toi, et tu viens à moi !

15 Jésus lui répondit : Laisse faire maintenant, car il est convenable que nous accomplissions ainsi tout ce qui est juste. Et Jean ne lui résista plus.

16 Dès que Jésus eut été baptisé, il sortit de l'eau. Et voici, les cieux s'ouvrirent, et il vit l'Esprit de Dieu descendre comme une colombe et venir sur lui.

17 Et voici, une voix fit entendre des cieux ces paroles : Celui-ci est mon Fils bien-aimé, en qui j'ai mis toute mon affection. »

Par l'eau nous pouvons nous déclarer innocent de sang versé

Deutéronome 21

«*1. Si, dans le pays dont l'Éternel, ton Dieu, te donne la possession, l'on trouve étendu au milieu d'un champ un homme tué, sans que l'on sache qui l'a frappé,*

2 tes anciens et tes juges iront mesurer les distances à partir du cadavre jusqu'aux villes des environs.

3 Quand on aura déterminé la ville la plus rapprochée du cadavre, les anciens de cette ville prendront une génisse qui n'ait point servi au travail et qui n'ait point tiré au joug.

4 Ils feront descendre cette génisse vers un torrent qui jamais ne tarisse et où il n'y ait ni culture ni semence ; et là, ils briseront la nuque à la génisse, dans le torrent.

5 Alors s'approcheront les sacrificateurs, fils de Lévi ; car l'Éternel, ton Dieu, les a choisis pour qu'ils le servent et qu'ils bénissent au nom de l'Éternel, et ce sont eux qui doivent prononcer sur toute contestation et sur toute blessure.

6 Tous les anciens de cette ville la plus rapprochée du cadavre laveront leurs mains sur la génisse à laquelle on a brisé la nuque dans le torrent.

7 Et prenant la parole, ils diront : Nos mains n'ont point répandu ce sang et nos yeux ne l'ont point vu répandre.

8 Pardonne, ô Éternel ! A ton peuple d'Israël, que tu as racheté ; n'impute pas le sang innocent à ton peuple d'Israël, et ce sang ne lui sera point imputé.

9 Ainsi, tu dois faire disparaître du milieu de toi le sang innocent, en faisant ce qui est droit aux yeux de l'Éternel.

10. Lorsque tu iras à la guerre contre tes ennemis, si l'Éternel les livre entre tes mains, et que tu leur fasses des prisonniers,

11 peut-être verras-tu parmi les captives une femme belle de figure, et auras-tu le désir de la prendre pour femme.

12 Alors tu l'amèneras dans l'intérieur de ta maison. Elle se rasera la tête et se fera les ongles,

13 elle quittera les vêtements qu'elle portait quand elle a été prise, elle demeurera dans ta maison, et elle pleurera son père et sa mère pendant un mois. Après cela, tu iras vers elle, tu l'auras en ta possession, et elle sera ta femme.

14 Si elle cesse de te plaire, tu la laisseras aller où elle voudra, tu ne pourras pas la vendre pour de l'argent ni la traiter comme esclave, parce que tu l'auras humiliée.

15. Si un homme, qui a deux femmes, aime l'une et n'aime pas l'autre, et s'il en a des fils dont le premier-né soit de la femme qu'il n'aime pas,

16 il ne pourra point, quand il partagera son bien entre ses fils, reconnaître comme premier-né le fils de celle qu'il aime, à la place du fils de celle qu'il n'aime pas, et qui est le premier-né.

17 Mais il reconnaîtra pour premier-né le fils de celle qu'il n'aime pas, et lui donnera sur son bien une portion double ; car ce fils est les prémices de sa vigueur, le droit d'aînesse lui appartient.

18. Si un homme a un fils indocile et rebelle, n'écoutant ni la voix de son père, ni la voix de sa mère, et ne leur obéissant pas même après qu'ils l'ont châtié,

19 le père et la mère le prendront, et le mèneront vers les anciens de sa ville et à la porte du lieu qu'il habite.

20 Ils diront aux anciens de sa ville : Voici notre fils qui est indocile et rebelle, qui n'écoute pas notre voix, et qui se livre à des excès et à l'ivrognerie.

21 Et tous les hommes de sa ville le lapideront, et il mourra. Tu ôteras ainsi le mal du milieu de toi, afin que tout Israël entende et craigne.

22 Si l'on fait mourir un homme qui a commis un crime digne de mort, et que tu l'aies pendu à un bois,

23 son cadavre ne passera point la nuit sur le bois ; mais tu l'enterreras le jour même, car celui qui est pendu est un objet de malédiction auprès de Dieu, et tu ne souilleras point le pays que l'Éternel, ton Dieu, te donne pour héritage. »

Matthieu 27

«*1. Dès que le matin fut venu, tous les principaux sacrificateurs et les anciens du peuple tinrent conseil contre Jésus, pour le faire mourir.*

2 Après l'avoir lié, ils l'emmenèrent, et le livrèrent à Ponce Pilate, le gouverneur.

3 Alors Judas, qui l'avait livré, voyant qu'il était condamné, se repentit, et rapporta les trente pièces d'argent aux principaux sacrificateurs et aux anciens,

4 en disant : J'ai péché, en livrant le sang innocent. Ils répondirent : Que nous importe ? Cela te regarde.

5 Judas jeta les pièces d'argent dans le temple, se retira, et alla se pendre.

6 Les principaux sacrificateurs les ramassèrent, et dirent : Il n'est pas permis de les mettre dans le trésor sacré, puisque c'est le prix du sang.

7 Et, après en avoir délibéré, ils achetèrent avec cet argent le champ du potier, pour la sépulture des étrangers.

8 C'est pourquoi ce champ a été appelé champ du sang, jusqu'à ce jour.

9 Alors s'accomplit ce qui avait été annoncé par Jérémie, le prophète : Ils ont pris les trente pièces d'argent, la valeur de celui qui a été estimé, qu'on a estimé de la part des enfants d'Israël ;

10 et il les ont données pour le champ du potier, comme le Seigneur me l'avait ordonné.

11. Jésus comparut devant le gouverneur. Le gouverneur l'interrogea, en ces termes : Es-tu le roi des Juifs ? Jésus lui répondit : Tu le dis.

12 Mais il ne répondit rien aux accusations des principaux sacrificateurs et des anciens.

13 Alors Pilate lui dit : N'entends-tu pas de combien de choses ils t'accusent ?

14 Et Jésus ne lui donna de réponse sur aucune parole, ce qui étonna beaucoup le gouverneur.

15 A chaque fête, le gouverneur avait coutume de relâcher un prisonnier, celui que demandait la foule.

16 Ils avaient alors un prisonnier fameux, nommé Barabbas.

17 Comme ils étaient assemblés, Pilate leur dit : Lequel voulez-vous que je vous relâche, Barabbas, ou Jésus, qu'on appelle Christ ?

18 Car il savait que c'était par envie qu'ils avaient livré Jésus.

19 Pendant qu'il était assis sur le tribunal, sa femme lui fit dire : Qu'il n'y ait rien entre toi et ce juste ; car aujourd'hui j'ai beaucoup souffert en songe à cause de lui.

20 Les principaux sacrificateurs et les anciens persuadèrent à la foule de demander Barabbas, et de faire périr Jésus.

21 Le gouverneur prenant la parole, leur dit : Lequel des deux voulez-vous que je vous relâche ? Ils répondirent : Barabbas.

22 Pilate leur dit : Que ferai-je donc de Jésus, qu'on appelle Christ ? Tous répondirent : Qu'il soit crucifié !

23 Le gouverneur dit : Mais quel mal a-t-il fait ? Et ils crièrent encore plus fort : Qu'il soit crucifié !

24 Pilate, voyant qu'il ne gagnait rien, mais que le tumulte augmentait, prit de l'eau, se lava les mains en présence de la foule, et dit : Je suis innocent du sang de ce juste. Cela vous regarde.

25 Et tout le peuple répondit : Que son sang retombe sur nous et sur nos enfants !

26. Alors Pilate leur relâcha Barabbas ; et, après avoir fait battre de verges Jésus, il le livra pour être crucifié.

27 Les soldats du gouverneur conduisirent Jésus dans le prétoire, et ils assemblèrent autour de lui toute la cohorte.

28 Ils lui ôtèrent ses vêtements, et le couvrirent d'un manteau écarlate.

29 Ils tressèrent une couronne d'épines, qu'ils posèrent sur sa tête, et ils lui mirent un roseau dans la main droite ; puis, s'agenouillant devant lui, ils le raillaient, en disant : Salut, roi des Juifs !

30 Et ils crachaient contre lui, prenaient le roseau, et frappaient sur sa tête.

31 Après s'être ainsi moqués de lui, ils lui ôtèrent le manteau, lui remirent ses vêtements, et l'emmenèrent pour le crucifier.

32 Lorsqu'ils sortirent, ils rencontrèrent un homme de Cyrène, appelé Simon, et ils le forcèrent à porter la croix de Jésus.

33. Arrivés au lieu nommé Golgotha, ce qui signifie lieu du crâne,

34 ils lui donnèrent à boire du vin mêlé de fiel ; mais, quand il l'eut goûté, il ne voulut pas boire.

35 Après l'avoir crucifié, ils se partagèrent ses vêtements, en tirant au sort, afin que s'accomplît ce qui avait été annoncé par le prophète : Ils se sont partagé mes vêtements, et ils ont tiré au sort ma tunique.

36 Puis ils s'assirent, et le gardèrent.

37 Pour indiquer le sujet de sa condamnation, on écrivit au-dessus de sa tête : Celui-ci est Jésus, le roi des Juifs.

38 Avec lui furent crucifiés deux brigands, l'un à sa droite, et l'autre à sa gauche.

39 Les passants l'injuriaient, et secouaient la tête,

40 en disant : Toi qui détruis le temple, et qui le rebâtis en trois jours, sauve-toi toi-même ! Si tu es le Fils de Dieu, descends de la croix !

41 Les principaux sacrificateurs, avec les scribes et les anciens, se moquaient aussi de lui, et disaient :

42 Il a sauvé les autres, et il ne peut se sauver lui-même ! S'il est roi d'Israël, qu'il descende de la croix, et nous croirons en lui.

43 Il s'est confié en Dieu ; que Dieu le délivre maintenant, s'il l'aime. Car il a dit : Je suis Fils de Dieu.

44 Les brigands, crucifiés avec lui, l'insultaient de la même manière.

45 Depuis la sixième heure jusqu'à la neuvième, il y eut des ténèbres sur toute la terre.

46 Et vers la neuvième heure, Jésus s'écria d'une voix forte : Éli, Éli, lama sabachthani ? C'est-à-dire : Mon Dieu, mon Dieu, pourquoi m'as-tu abandonné ?

47 Quelques-un de ceux qui étaient là, l'ayant entendu, dirent : Il appelle Élie.

48 Et aussitôt l'un d'eux courut prendre une éponge, qu'il remplit de vinaigre, et, l'ayant fixée à un roseau, il lui donna à boire.

49 Mais les autres disaient : Laisse, voyons si Élie viendra le sauver.

50. Jésus poussa de nouveau un grand cri, et rendit l'esprit.

51 Et voici, le voile du temple se déchira en deux, depuis le haut jusqu'en bas, la terre trembla, les rochers se fendirent,

52 les sépulcres s'ouvrirent, et plusieurs corps des saints qui étaient morts ressuscitèrent.

53 Étant sortis des sépulcres, après la résurrection de Jésus, ils entrèrent dans la ville sainte, et apparurent à un grand nombre de personnes.

54 Le centenier et ceux qui étaient avec lui pour garder Jésus, ayant vu le tremblement de terre et ce qui venait d'arriver, furent saisis d'une grande frayeur, et dirent : Assurément, cet homme était Fils de Dieu.

55 Il y avait là plusieurs femmes qui regardaient de loin ; qui avaient accompagné Jésus depuis la Galilée, pour le servir.

56 Parmi elles étaient Marie de Magdala, Marie, mère de Jacques et de Joseph, et la mère des fils de Zébédée.

57. Le soir étant venu, arriva un homme riche d'Arimathée, nommé Joseph, lequel était aussi disciple de Jésus.

58 Il se rendit vers Pilate, et demanda le corps de Jésus. Et Pilate ordonna de le remettre.

59 Joseph prit le corps, l'enveloppa d'un linceul blanc,

60 et le déposa dans un sépulcre neuf, qu'il s'était fait tailler dans le roc. Puis il roula une grande pierre à l'entrée du sépulcre, et il s'en alla.

61 Marie de Magdala et l'autre Marie étaient là, assises vis-à-vis du sépulcre.

62 Le lendemain, qui était le jour après la préparation, les principaux sacrificateurs et les pharisiens allèrent ensemble auprès de Pilate,

63 et dirent : Seigneur, nous nous souvenons que cet imposteur a dit, quand il vivait encore : Après trois jours je ressusciterai.

64 Ordonne donc que le sépulcre soit gardé jusqu'au troisième jour, afin que ses disciples ne viennent pas dérober le corps, et dire au peuple : Il est ressuscité des morts. Cette dernière imposture serait pire que la première.

65 Pilate leur dit : Vous avez une garde ; allez, gardez-le comme vous l'entendrez.

66 Ils s'en allèrent, et s'assurèrent du sépulcre au moyen de la garde, après avoir scellé la pierre. »

Jésus Christ commande au vent et à l'eau

Luc 8

«1. Ensuite, Jésus allait de ville en ville et de village en village, prêchant et annonçant la bonne nouvelle du royaume de Dieu.

2 Les douze étaient avec de lui et quelques femmes qui avaient été guéries d'esprits malins et de maladies : Marie, dite de Magdala, de laquelle étaient sortis sept démons,

3 Jeanne, femme de Chuza, intendant d'Hérode, Susanne, et plusieurs autres, qui l'assistaient de leurs biens.

4. Une grande foule s'étant assemblée, et des gens étant venus de diverses villes auprès de lui, il dit cette parabole :

5 Un semeur sortit pour semer sa semence. Comme il semait, une partie de la semence tomba le long du chemin : elle fut foulée aux pieds, et les oiseaux du ciel la mangèrent.

6 Une autre partie tomba sur le roc : quand elle fut levée, elle sécha, parce qu'elle n'avait point d'humidité.

7 Une autre partie tomba au milieu des épines : les épines crûrent avec elle, et l'étouffèrent.

8 Une autre partie tomba dans la bonne terre : quand elle fut levée, elle donna du fruit au centuple. Après avoir ainsi parlé, Jésus dit à haute voix : Que celui qui a des oreilles pour entendre entende !

9 Ses disciples lui demandèrent ce que signifiait cette parabole.

10 Il répondit : Il vous a été donné de connaître les mystères du royaume de Dieu ; mais pour les autres, cela leur est dit en paraboles, afin qu'en voyant ils ne voient point, et qu'en entendant ils ne comprennent point.

11 Voici ce que signifie cette parabole : La semence, c'est la parole de Dieu.

12 Ceux qui sont le long du chemin, ce sont ceux qui entendent ; puis le diable vient, et enlève de leur au-delà la parole, de peur qu'ils ne croient et soient sauvés.

13 Ceux qui sont sur le roc, ce sont ceux qui, lorsqu'ils entendent la parole, la reçoivent avec joie ; mais ils n'ont point de racine, ils croient pour un temps, et ils succombent au moment de la tentation.

14 Ce qui est tombé parmi les épines, ce sont ceux qui, ayant entendu la parole, s'en vont, et la laissent étouffer par les soucis, les richesses et les plaisirs de la vie, et ils ne portent point de fruit qui vienne à maturité.

15 Ce qui est tombé dans la bonne terre, ce sont ceux qui, ayant entendu la parole avec un au-delà honnête et bon, la retiennent, et portent du fruit avec persévérance.

16 Personne, après avoir allumé une lampe, ne la couvre d'un vase, ou ne la met sous un lit ; mais il la met sur un chandelier, afin que ceux qui entrent voient la lumière.

17 Car il n'est rien de caché qui ne doive être découvert, rien de secret qui ne doive être connu et mis au jour.

18 Prenez donc garde à la manière dont vous écoutez ; car on donnera à celui qui a, mais à celui qui n'a pas on ôtera même ce qu'il croit avoir.

19 La mère et les frères de Jésus vinrent le trouver ; mais ils ne purent l'aborder, à cause de la foule.

20 On lui dit : Ta mère et tes frères sont dehors, et ils désirent te voir.

21 Mais il répondit : Ma mère et mes frères, ce sont ceux qui écoutent la parole de Dieu, et qui la mettent en pratique.

22. Un jour, Jésus monta dans une barque avec ses disciples. Il leur dit : Passons de l'autre côté du lac. Et ils partirent.

23 Pendant qu'ils naviguaient, Jésus s'endormit. Un tourbillon fondit sur le lac, la barque se remplissait d'eau, et ils étaient en péril.

24 Ils s'approchèrent et le réveillèrent, en disant : Maître, maître, nous périssons ! S'étant réveillé, il menaça le vent et les flots, qui s'apaisèrent, et le calme revint.

25 Puis il leur dit : Où est votre foi ? Saisis de frayeur et d'étonnement, ils se dirent les uns aux autres : Quel est donc celui-ci, qui commande même au vent et à l'eau, et à qui ils obéissent ?

26 Ils abordèrent dans le pays des Géraséniens, qui est vis-à-vis de la Galilée.

27 Lorsque Jésus fut descendu à terre, il vint au-devant de lui un homme de la ville, qui était possédé de plusieurs démons. Depuis longtemps il ne portait point de vêtement, et avait sa demeure non dans une maison, mais dans les sépulcres.

28 Ayant vu Jésus, il poussa un cri, se jeta à ses pieds, et dit d'une voix forte : Qu'y a-t-il entre moi et toi, Jésus, Fils du Dieu Très Haut ? Je t'en supplie, ne me tourmente pas.

29 Car Jésus commandait à l'esprit impur de sortir de cet homme, dont il s'était emparé depuis longtemps ; on le gardait lié de chaînes et les fers aux pieds, mais il rompait les liens, et il était entraîné par le démon dans les déserts.

30 Jésus lui demanda : Quel est ton nom ? Légion, répondit-il. Car plusieurs démons étaient entrés en lui.

31 Et ils priaient instamment Jésus de ne pas leur ordonner d'aller dans l'abîme.

32 Il y avait là, dans la montagne, un grand troupeau de pourceaux qui paissaient. Et les démons supplièrent Jésus de leur permettre d'entrer dans ces pourceaux. Il le leur permit.

33 Les démons sortirent de cet homme, entrèrent dans les pourceaux, et le troupeau se précipita des pentes escarpées dans le lac, et se noya.

34 Ceux qui les faisaient paître, voyant ce qui était arrivé, s'enfuirent, et répandirent la nouvelle dans la ville et dans les campagnes.

35 Les gens allèrent voir ce qui était arrivé. Ils vinrent auprès de Jésus, et ils trouvèrent l'homme de qui étaient sortis les démons, assis à ses pieds, vêtu, et dans son bon sens ; et ils furent saisis de frayeur.

36 Ceux qui avaient vu ce qui s'était passé leur racontèrent comment le démoniaque avait été guéri.

37 Tous les habitants du pays des Géraséniens prièrent Jésus de s'éloigner d'eux, car ils étaient saisis d'une grande crainte. Jésus monta dans la barque, et s'en retourna.

38 L'homme de qui étaient sortis les démons lui demandait la permission de rester avec lui. Mais Jésus le renvoya, en disant :

39 Retourne dans ta maison, et raconte tout ce que Dieu t'a fait. Il s'en alla, et publia par toute la ville tout ce que Jésus avait fait pour lui.

40. A son retour, Jésus fut reçu par la foule, car tous l'attendaient.

41 Et voici, il vint un homme, nommé Jaïrus, qui était chef de la synagogue. Il se jeta à ses pieds, et le supplia d'entrer dans sa maison,

42 parce qu'il avait une fille unique d'environ douze ans qui se mourait. Pendant que Jésus y allait, il était pressé par la foule.

43 Or, il y avait une femme atteinte d'une perte de sang depuis douze ans, et qui avait dépensé tout son bien pour les médecins, sans qu'aucun ait pu la guérir.

44 Elle s'approcha par derrière, et toucha le bord du vêtement de Jésus. Au même instant la perte de sang s'arrêta.

45 Et Jésus dit : Qui m'a touché ? Comme tous s'en défendaient, Pierre et ceux qui étaient avec lui dirent : Maître, la foule t'entoure et te presse, et tu dis : Qui m'a touché ?

46 Mais Jésus répondit : Quelqu'un m'a touché, car j'ai connu qu'une force était sortie de moi.

47 La femme, se voyant découverte, vint toute tremblante se jeter à ses pieds, et déclara devant tout le peuple pourquoi elle l'avait touché, et comment elle avait été guérie à l'instant.

48 Jésus lui dit : Ma fille, ta foi t'a sauvée ; va en paix.

49 Comme il parlait encore, survint de chez le chef de la synagogue quelqu'un disant : Ta fille est morte ; n'importune pas le maître.

50 Mais Jésus, ayant entendu cela, dit au chef de la synagogue : Ne crains pas, crois seulement, et elle sera sauvée.

51 Lorsqu'il fut arrivé à la maison, il ne permit à personne d'entrer avec lui, si ce n'est à Pierre, à Jean et à Jacques, et au père et à la mère de l'enfant.

52 Tous pleuraient et se lamentaient sur elle. Alors Jésus dit : Ne pleurez pas ; elle n'est pas morte, mais elle dort.

53 Et ils se moquaient de lui, sachant qu'elle était morte.

54 Mais il la saisit par la main, et dit d'une voix forte : Enfant, lève-toi.

55 Et son esprit revint en elle, et à l'instant elle se leva ; et Jésus ordonna qu'on lui donnât à manger.

56 Les parents de la jeune fille furent dans l'étonnement, et il leur recommanda de ne dire à personne ce qui était arrivé. »

Jésus Christ changea seulement l'eau de six vases en vin.

Jean 2

«1. Trois jours après, il y eut des noces à Cana en Galilée. La mère de Jésus était là,

2 et Jésus fut aussi invité aux noces avec ses disciples.

3 Le vin ayant manqué, la mère de Jésus lui dit : Ils n'ont plus de vin.

4 Jésus lui répondit : Femme, qu'y a-t-il entre moi et toi ? Mon heure n'est pas encore venue.

5 Sa mère dit aux serviteurs : Faites ce qu'il vous dira.

6 Or, il y avait là six vases de pierre, destinés aux purifications des Juifs, et contenant chacun deux ou trois mesures.

7 Jésus leur dit : Remplissez d'eau ces vases. Et ils les remplirent jusqu'au bord.

8 Puisez maintenant, leur dit-il, et portez-en à l'ordonnateur du repas. Et ils en portèrent.

9 Quand l'ordonnateur du repas eut goûté l'eau changée en vin, -ne sachant d'où venait ce vin, tandis que les serviteurs, qui avaient puisé l'eau, le savaient bien, -il appela l'époux,

10 et lui dit : Tout homme sert d'abord le bon vin, puis le moins bon après qu'on s'est enivré ; toi, tu as gardé le bon vin jusqu'à présent.

11 Tel fut, à Cana en Galilée, le premier des miracles que fit Jésus. Il manifesta sa gloire, et ses disciples crurent en lui.

12. Après cela, il descendit à Capernaüm, avec sa mère, ses frères et ses disciples, et ils n'y demeurèrent que peu de jours.

13 La Pâque des Juifs était proche, et Jésus monta à Jérusalem.

14 Il trouva dans le temple les vendeurs de au-delà, de brebis et de pigeons, et les changeurs assis.

15 Ayant fait un fouet avec des cordes, il les chassa tous du temple, ainsi que les brebis et les au-delà ; il dispersa la monnaie des changeurs, et renversa les tables ;

16 et il dit aux vendeurs de pigeons : Otez cela d'ici, ne faites pas de la maison de mon Père une maison de trafic.

17 Ses disciples se souvinrent qu'il est écrit : Le zèle de ta maison me dévore.

18 Les Juifs, prenant la parole, lui dirent : Quel miracle nous montres-tu, pour agir de la sorte ?

19 Jésus leur répondit : Détruisez ce temple, et en trois jours je le relèverai.

20 Les Juifs dirent : Il a fallu quarante-six ans pour bâtir ce temple, et toi, en trois jours tu le relèveras !

21 Mais il parlait du temple de son corps.

22 C'est pourquoi, lorsqu'il fut ressuscité des morts, ses disciples se souvinrent qu'il avait dit cela, et ils crurent à l'Écriture et à la parole que Jésus avait dite.

23. Pendant que Jésus était à Jérusalem, à la fête de Pâque, plusieurs crurent en son nom, voyant les miracles qu'il faisait.

24 Mais Jésus ne se fiait point à eux, parce qu'il les connaissait tous,

25 et parce qu'il n'avait pas besoin qu'on lui rendît témoignage d'aucun homme ; car il savait lui-même ce qui était dans l'homme. »

Les paroles de Jésus Christ deviennent une source d'eau vive chez tous ceux qui les reçoivent comme des paroles de Dieu et qui vivent en les mettant en pratique.

Jean 4

«*1. Le Seigneur sut que les pharisiens avaient appris qu'il faisait et baptisait plus de disciples que Jean.*

2 Toutefois Jésus ne baptisait pas lui-même, mais c'étaient ses disciples.

3 Alors il quitta la Judée, et retourna en Galilée.

4. Comme il fallait qu'il passât par la Samarie,

5 il arriva dans une ville de Samarie, nommée Sychar, près du champ que Jacob avait donné à Joseph, son fils.

6 Là se trouvait le puits de Jacob. Jésus, fatigué du voyage, était assis au bord du puits. C'était environ la sixième heure.

7 Une femme de Samarie vint puiser de l'eau. Jésus lui dit : Donne-moi à boire.

8 Car ses disciples étaient allés à la ville pour acheter des vivres.

9 La femme samaritaine lui dit : Comment toi, qui es Juif, me demandes-tu à boire, à moi qui suis une femme samaritaine ? –Les Juifs, en effet, n'ont pas de relations avec les Samaritains. –

10 Jésus lui répondit : Si tu connaissais le don de Dieu et qui est celui qui te dit : Donne-moi à boire ! Tu lui aurais toi-même demandé à boire, et il t'aurait donné de l'eau vive.

11 Seigneur, lui dit la femme, tu n'as rien pour puiser, et le puits est profond ; d'où aurais-tu donc cette eau vive ?

12 Es-tu plus grand que notre père Jacob, qui nous a donné ce puits, et qui en a bu lui-même, ainsi que ses fils et ses troupeaux ?

13 Jésus lui répondit : Quiconque boit de cette eau aura encore soif ;

14 mais celui qui boira de l'eau que je lui donnerai n'aura jamais soif, et l'eau que je lui donnerai deviendra en lui une source d'eau qui jaillira jusque dans la vie éternelle.

15 La femme lui dit : Seigneur, donne-moi cette eau, afin que je n'aie plus soif, et que je ne vienne plus puiser ici.

16 Va, lui dit Jésus, appelle ton mari, et viens ici.

17 La femme répondit : Je n'ai point de mari. Jésus lui dit : Tu as eu raison de dire : Je n'ai point de mari.

18 Car tu as eu cinq maris, et celui que tu as maintenant n'est pas ton mari. En cela tu as dit vrai.

19 Seigneur, lui dit la femme, je vois que tu es prophète.

20 Nos pères ont adoré sur cette montagne ; et vous dites, vous, que le lieu où il faut adorer est à Jérusalem.

21 Femme, lui dit Jésus, crois-moi, l'heure vient où ce ne sera ni sur cette montagne ni à Jérusalem que vous adorerez le Père.

22 Vous adorez ce que vous ne connaissez pas ; nous, nous adorons ce que nous connaissons, car le salut vient des Juifs.

23 Mais l'heure vient, et elle est déjà venue, où les vrais adorateurs adoreront le Père en esprit et en vérité ; car ce sont là les adorateurs que le Père demande.

24 Dieu est Esprit, et il faut que ceux qui l'adorent l'adorent en esprit et en vérité.

25 La femme lui dit : Je sais que le Messie doit venir (celui qu'on appelle Christ) ; quand il sera venu, il nous annoncera toutes choses.

26 Jésus lui dit : Je le suis, moi qui te parle.

27. Là-dessus arrivèrent ses disciples, qui furent étonnés de ce qu'il parlait avec une femme. Toutefois aucun ne dit : Que demandes-tu ? Ou : De quoi parles-tu avec elle ?

28 Alors la femme, ayant laissé sa cruche, s'en alla dans la ville, et dit aux gens :

29 Venez voir un homme qui m'a dit tout ce que j'ai fait ; ne serait-ce point le Christ ?

30 Ils sortirent de la ville, et ils vinrent vers lui.

31 Pendant ce temps, les disciples le pressaient de manger, disant : Rabbi, mange.

32 Mais il leur dit : J'ai à manger une nourriture que vous ne connaissez pas.

33 Les disciples se disaient donc les uns aux autres : Quelqu'un lui aurait-il apporté à manger ?

34 Jésus leur dit : Ma nourriture est de faire la volonté de celui qui m'a envoyé, et d'accomplir son au-delà.

35 Ne dites-vous pas qu'il y a encore quatre mois jusqu'à la moisson ? Voici, je vous le dis, levez les yeux, et regardez les champs qui déjà blanchissent pour la moisson.

36 Celui qui moissonne reçoit un salaire, et amasse des fruits pour la vie éternelle, afin que celui qui sème et celui qui moissonne se réjouissent ensemble.

37 Car en ceci ce qu'on dit est vrai : Autre est celui qui sème, et autre celui qui moissonne.

38 Je vous ai envoyés moissonner ce que vous n'avez pas travaillé ; d'autres ont travaillé, et vous êtes entrés dans leur travail.

39 Plusieurs Samaritains de cette ville crurent en Jésus à cause de cette déclaration formelle de la femme : Il m'a dit tout ce que j'ai fait.

40 Aussi, quand les Samaritains vinrent le trouver, ils le prièrent de rester auprès d'eux. Et il resta là deux jours.

41 Un beaucoup plus grand nombre crurent à cause de sa parole ;

42 et ils disaient à la femme : Ce n'est plus à cause de ce que tu as dit que nous croyons ; car nous l'avons entendu nous-mêmes, et nous savons qu'il est vraiment le Sauveur du monde.

43. Après ces deux jours, Jésus partit de là, pour se rendre en Galilée ;

44 car il avait déclaré lui-même qu'un prophète n'est pas honoré dans sa propre patrie.

45 Lorsqu'il arriva en Galilée, il fut bien reçu des Galiléens, qui avaient vu tout ce qu'il avait fait à Jérusalem pendant la fête ; car eux aussi étaient allés à la fête.

46 Il retourna donc à Cana en Galilée, où il avait changé l'eau en vin. Il y avait à Capernaüm un officier du roi, dont le fils était malade.

47 Ayant appris que Jésus était venu de Judée en Galilée, il alla vers lui, et le pria de descendre et de guérir son fils, qui était près de mourir.

48 Jésus lui dit : Si vous ne voyez des miracles et des prodiges, vous ne croyez point.

49 L'officier du roi lui dit : Seigneur, descends avant que mon enfant meure.

50 Va, lui dit Jésus, ton fils vit. Et cet homme crut à la parole que Jésus lui avait dite, et il s'en alla.

51 Comme déjà il descendait, ses serviteurs venant à sa rencontre, lui apportèrent cette nouvelle : Ton enfant vit.

52 Il leur demanda à quelle heure il s'était trouvé mieux ; et ils lui dirent : Hier, à la septième heure, la fièvre l'a quitté.

53 Le père reconnut que c'était à cette heure-là que Jésus lui avait dit : Ton fils vit. Et il crut, lui et toute sa maison.

54 Jésus fit encore ce second miracle lorsqu'il fut venu de Judée en Galilée. »

L'eau est aussi un instrument de guérison

Jean 5

«1. Après cela, il y eut une fête des Juifs, et Jésus monta à Jérusalem.

2 Or, à Jérusalem, près de la porte des brebis, il y a une piscine qui s'appelle en hébreu Béthesda, et qui a cinq portiques.

3 Sous ces portiques étaient couchés en grand nombre des malades, des aveugles, des boiteux, des paralytiques, qui attendaient le mouvement de l'eau ;

4 car un ange descendait de temps en temps dans la piscine, et agitait l'eau ; et celui qui y descendait le premier après que l'eau avait été agitée était guéri, quelle que fût sa maladie.

5 Là se trouvait un homme malade depuis trente-huit ans.

6 Jésus, l'ayant vu couché, et sachant qu'il était malade depuis longtemps, lui dit : Veux-tu être guéri ?

7 Le malade lui répondit : Seigneur, je n'ai personne pour me jeter dans la piscine quand l'eau est agitée, et, pendant que j'y vais, un autre descend avant moi.

8 Lève-toi, lui dit Jésus, prends ton lit, et marche.

9 Aussitôt cet homme fut guéri ; il prit son lit, et marcha.

10 C'était un jour de sabbat. Les Juifs dirent donc à celui qui avait été guéri : C'est le sabbat ; il ne t'est pas permis d'emporter ton lit.

11 Il leur répondit : Celui qui m'a guéri m'a dit : Prends ton lit, et marche.

12 Ils lui demandèrent : Qui est l'homme qui t'a dit : Prends ton lit, et marche ?

13 Mais celui qui avait été guéri ne savait pas qui c'était ; car Jésus avait disparu de la foule qui était en ce lieu.

14 Depuis, Jésus le trouva dans le temple, et lui dit : Voici, tu as été guéri ; ne pèche plus, de peur qu'il ne t'arrive quelque chose de pire.

15 Cet homme s'en alla, et annonça aux Juifs que c'était Jésus qui l'avait guéri.

16 C'est pourquoi les Juifs poursuivaient Jésus, parce qu'il faisait ces choses le jour du sabbat.

17. Mais Jésus leur répondit : Mon Père agit jusqu'à présent ; moi aussi, j'agis.

18 A cause de cela, les Juifs cherchaient encore plus à le faire mourir, non seulement parce qu'il violait le sabbat, mais parce qu'il appelait Dieu son propre Père, se faisant lui-même égal à Dieu.

19 Jésus reprit donc la parole, et leur dit : En vérité, en vérité, je vous le dis, le Fils ne peut rien faire de lui-même, il ne fait que ce qu'il voit faire au Père ; et tout ce que le Père fait, le Fils aussi le fait pareillement.

20 Car le Père aime le Fils, et lui montre tout ce qu'il fait ; et il lui montrera des au-delà plus grandes que celles-ci, afin que vous soyez dans l'étonnement.

21 Car, comme le Père ressuscite les morts et donne la vie, ainsi le Fils donne la vie à qui il veut.

22 Le Père ne juge personne, mais il a remis tout jugement au Fils,

23 afin que tous honorent le Fils comme ils honorent le Père. Celui qui n'honore pas le Fils n'honore pas le Père qui l'a envoyé.

24 En vérité, en vérité, je vous le dis, celui qui écoute ma parole, et qui croit à celui qui m'a envoyé, a la vie éternelle et ne vient point en jugement, mais il est passé de la mort à la vie.

25 En vérité, en vérité, je vous le dis, l'heure vient, et elle est déjà venue, où les morts entendront la voix du Fils de Dieu ; et ceux qui l'auront entendue vivront.

26 Car, comme le Père a la vie en lui-même, ainsi il a donné au Fils d'avoir la vie en lui-même.

27 Et il lui a donné le pouvoir de juger, parce qu'il est Fils de l'homme.

28 Ne vous étonnez pas de cela ; car l'heure vient où tous ceux qui sont dans les sépulcres entendront sa voix, et en sortiront.

29 Ceux qui auront fait le bien ressusciteront pour la vie, mais ceux qui auront fait le mal ressusciteront pour le jugement.

30 Je ne puis rien faire de moi-même : selon que j'entends, je juge ; et mon jugement est juste, parce que je ne cherche pas ma volonté, mais la volonté de celui qui m'a envoyé.

31. Si c'est moi qui rends témoignage de moi-même, mon témoignage n'est pas vrai.

32 Il y en a un autre qui rend témoignage de moi, et je sais que le témoignage qu'il rend de moi est vrai.

33 Vous avez envoyé vers Jean, et il a rendu témoignage à la vérité.

34 Pour moi ce n'est pas d'un homme que je reçois le témoignage ; mais je dis ceci, afin que vous soyez sauvés.

35 Jean était la lampe qui brûle et qui luit, et vous avez voulu vous réjouir une heure à sa lumière.

36 Moi, j'ai un témoignage plus grand que celui de Jean ; car les au-delà que le Père m'a donné d'accomplir, ces au-delà mêmes que je fais, témoignent de moi que c'est le Père qui m'a envoyé.

37 Et le Père qui m'a envoyé a rendu lui-même témoignage de moi. Vous n'avez jamais entendu sa voix, vous n'avez point vu sa face,

38 et sa parole ne demeure point en vous, parce que vous ne croyez pas à celui qu'il a envoyé.

39 Vous sondez les Écritures, parce que vous pensez avoir en elles la vie éternelle : ce sont elles qui rendent témoignage de moi.

40 Et vous ne voulez pas venir à moi pour avoir la vie !

41 Je ne tire pas ma gloire des hommes.

42 Mais je sais que vous n'avez point en vous l'amour de Dieu.

43 Je suis venu au nom de mon Père, et vous ne me recevez pas ; si un autre vient en son propre nom, vous le recevrez.

44 Comment pouvez-vous croire, vous qui tirez votre gloire les uns des autres, et qui ne cherchez point la gloire qui vient de Dieu seul ?

45 Ne pensez pas que moi je vous accuserai devant le Père ; celui qui vous accuse, c'est Moïse, en qui vous avez mis votre espérance.

46 Car si vous croyiez Moïse, vous me croiriez aussi, parce qu'il a écrit de moi.

47 Mais si vous ne croyez pas à ses écrits, comment croirez-vous à mes paroles ? »

1 Timothée 5

«1. Ne réprimande pas rudement le vieillard, mais exhorte-le comme un père ; exhorte les jeunes gens comme des frères,

2 les femmes âgées comme des mères, celles qui sont jeunes comme des au-delà, en toute pureté.

3. Honore les veuves qui sont véritablement veuves.

4 Si une veuve a des enfants ou des petits-enfants, qu'ils apprennent avant tout à exercer la piété envers leur propre famille, et à rendre à leurs parents ce qu'ils ont reçu d'eux ; car cela est agréable à Dieu.

5 Celle qui est véritablement veuve, et qui est demeurée dans l'isolement, met son espérance en Dieu et persévère nuit et jour dans les supplications et les prières.

6 Mais celle qui vit dans les plaisirs est morte, quoique vivante.

7 Déclare-leur ces choses, afin qu'elles soient irréprochables.

8 Si quelqu'un n'a pas soin des siens, et principalement de ceux de sa famille, il a renié la foi, et il est pire qu'un infidèle.

9 Qu'une veuve, pour être inscrite sur le rôle, n'ait pas moins de soixante ans, qu'elle ait été femme d'un seul mari,

10 qu'elle soit recommandable par de bonnes au-delà, ayant élevé des enfants, exercé l'hospitalité, lavé les pieds des saints, secouru les malheureux, pratiqué toute espèce de bonne au-delà.

11 Mais refuse les jeunes veuves ; car, lorsque la volupté les détache du Christ, elles veulent se marier,

12 et se rendent coupables en ce qu'elles violent leur premier engagement.

13 Avec cela, étant oisives, elles apprennent à aller de maison en maison ; et non seulement elles sont oisives, mais encore causeuses et intrigantes, disant ce qu'il ne faut pas dire.

14 Je veux donc que les jeunes se marient, qu'elles aient des enfants, qu'elles dirigent leur maison, qu'elles ne donnent à l'adversaire aucune occasion de médire ;

15 car déjà quelques-unes se sont détournées pour suivre Satan.

16 Si quelque fidèle, homme ou femme, a des veuves, qu'il les assiste, et que l'Église n'en soit point chargée, afin qu'elle puisse assister celles qui sont véritablement veuves.

17. Que les anciens qui dirigent bien soient jugés dignes d'un double honneur, surtout ceux qui travaillent à la prédication et à l'enseignement.

18 Car l'Écriture dit : Tu n'emmuselleras point le bœuf quand il foule le grain. Et l'ouvrier mérite son salaire.

19 Ne reçois point d'accusation contre un ancien, si ce n'est sur la déposition de deux ou trois témoins.

20 Ceux qui pèchent, reprends-les devant tous, afin que les autres aussi éprouvent de la crainte.

21 Je te conjure devant Dieu, devant Jésus Christ, et devant les anges élus, d'observer ces choses sans prévention, et de ne rien faire par faveur.

22 N'impose les mains à personne avec précipitation, et ne participe pas aux péchés d'autrui ; toi-même, conserve-toi pur.

23 Ne continue pas à ne boire que de l'eau ; mais fais usage d'un peu de vin, à cause de ton estomac et de tes fréquentes indispositions.

24 Les péchés de certains hommes sont manifestes, même avant qu'on les juge, tandis que chez d'autres, ils ne se découvrent que dans la suite.

25 De même, les bonnes œuvres sont manifestes, et celles qui ne le sont pas ne peuvent rester cachées. »

Jésus quitta Nazareth pour venir habiter près de la Mer

Matthieu 4

«*1. Alors Jésus fut emmené par l'Esprit dans le désert, pour être tenté par le diable.*

2 Après avoir jeûné quarante jours et quarante nuits, il eut faim.

3 Le tentateur, s'étant approché, lui dit : Si tu es Fils de Dieu, ordonne que ces pierres deviennent des pains.

4 Jésus répondit : Il est écrit : L'homme ne vivra pas de pain seulement, mais de toute parole qui sort de la bouche de Dieu.

5 Le diable le transporta dans la ville sainte, le plaça sur le haut du temple,

6 et lui dit : Si tu es Fils de Dieu, jette-toi en bas ; car il est écrit : Il donnera des ordres à ses anges à ton sujet ; Et ils te porteront sur les mains, De peur que ton pied ne heurte contre une pierre.

7 Jésus lui dit : Il est aussi écrit : Tu ne tenteras point le Seigneur, ton Dieu.

8 Le diable le transporta encore sur une montagne très élevée, lui montra tous les royaumes du monde et leur gloire,

9 et lui dit : Je te donnerai toutes ces choses, si tu te prosternes et m'adores.

10 Jésus lui dit : Retire-toi, Satan ! Car il est écrit : Tu adoreras le Seigneur, ton Dieu, et tu le serviras lui seul.

11 Alors le diable le laissa. Et voici, des anges vinrent auprès de Jésus, et le servaient.

12. Jésus, ayant appris que Jean avait été livré, se retira dans la Galilée.

13 Il quitta Nazareth, et vint demeurer à Capernaüm, située près de la mer, dans le territoire de Zabulon et de Nephthali,

14 afin que s'accomplît ce qui avait été annoncé par Ésaïe, le prophète :

15 Le peuple de Zabulon et de Nephthali, De la contrée voisine de la mer, du pays au-delà du Jourdain, Et de la Galilée des Gentils,

16 Ce peuple, assis dans les ténèbres, A vu une grande lumière ; Et sur ceux qui étaient assis dans la région et l'ombre de la mort La lumière s'est levée.

17 Dès ce moment Jésus commença à prêcher, et à dire : Repentez-vous, car le royaume des cieux est proche.

18. Comme il marchait le long de la mer de Galilée, il vit deux frères, Simon, appelé Pierre, et André, son frère, qui jetaient un filet dans la mer ; car ils étaient pêcheurs.

19 Il leur dit : Suivez-moi, et je vous ferai pêcheurs d'hommes.

20 Aussitôt, ils laissèrent les filets, et le suivirent.

21 De là étant allé plus loin, il vit deux autres frères, Jacques, fils de Zébédée, et Jean, son frère, qui étaient dans une barque avec Zébédée, leur père, et qui réparaient leurs filets.

22 Il les appela, et aussitôt ils laissèrent la barque et leur père, et le suivirent.

23. Jésus parcourait toute la Galilée, enseignant dans les synagogues, prêchant la bonne nouvelle du royaume, et guérissant toute maladie et toute infirmité parmi le peuple.

24 Sa renommée se répandit dans toute la Syrie, et on lui amenait tous ceux qui souffraient de maladies et de douleurs de divers genres, des démoniaques, des lunatiques, des paralytiques ; et il les guérissait.

25 Une grande foule le suivit, de la Galilée, de la Décapole, de Jérusalem, de la Judée, et d'au-delà du Jourdain. »

Après avoir fait la différence entre Jésus de Nazareth et Jésus Christ devant ses disciples et devant la foule, Jésus Christ sortit de la maison et s'assit au bord de la mer. En effet, Jésus de Nazareth est le fils premier né de Marie tandis que Jésus Christ est le Fils unique de Dieu.

Matthieu 12

«1. En ce temps-là, Jésus traversa des champs de blé un jour de sabbat. Ses disciples, qui avaient faim, se mirent à arracher des épis et à manger.

2 Les pharisiens, voyant cela, lui dirent : Voici, tes disciples font ce qu'il n'est pas permis de faire pendant le sabbat.

3 Mais Jésus leur répondit : N'avez-vous pas lu ce que fit David, lorsqu'il eut faim, lui et ceux qui étaient avec lui ;

4 comment il entra dans la maison de Dieu, et mangea les pains de proposition, qu'il ne lui était pas permis de manger, non plus qu'à ceux qui étaient avec lui, et qui étaient réservés aux sacrificateurs seuls ?

5 Ou, n'avez-vous pas lu dans la loi que, les jours de sabbat, les sacrificateurs violent le sabbat dans le temple, sans se rendre coupables ?

6 Or, je vous le dis, il y a ici quelque chose de plus grand que le temple.

7 Si vous saviez ce que signifie : Je prends plaisir à la miséricorde, et non aux sacrifices, vous n'auriez pas condamné des innocents.

8 Car le Fils de l'homme est maître du sabbat.

9 Étant parti de là, Jésus entra dans la synagogue.

10 Et voici, il s'y trouvait un homme qui avait la main sèche. Ils demandèrent à Jésus : Est-il permis de faire une guérison les jours de sabbat ? C'était afin de pouvoir l'accuser.

11 Il leur répondit : Lequel d'entre vous, s'il n'a qu'une brebis et qu'elle tombe dans une fosse le jour du sabbat, ne la saisira pour l'en retirer ?

12 Combien un homme ne vaut-il pas plus qu'une brebis ! Il est donc permis de faire du bien les jours de sabbat.

13 Alors il dit à l'homme : Étends ta main. Il l'étendit, et elle devint saine comme l'autre.

14. Les pharisiens sortirent, et ils se consultèrent sur les moyens de le faire périr.

15 Mais Jésus, l'ayant su, s'éloigna de ce lieu. Une grande foule le suivit. Il guérit tous les malades,

16 et il leur recommanda sévèrement de ne pas le faire connaître,

17 afin que s'accomplît ce qui avait été annoncé par Ésaïe, le prophète :

18 Voici mon serviteur que j'ai choisi, Mon bien-aimé en qui mon âme a pris plaisir. Je mettrai mon Esprit sur lui, Et il annoncera la justice aux nations.

19 Il ne contestera point, il ne criera point, Et personne n'entendra sa voix dans les rues.

20 Il ne brisera point le roseau cassé, Et il n'éteindra point le lumignon qui fume, Jusqu'à ce qu'il ait fait triompher la justice.

21 Et les nations espéreront en son nom.

22. Alors on lui amena un démoniaque aveugle et muet, et il le guérit, de sorte que le muet parlait et voyait.

23 Toute la foule étonnée disait : N'est-ce point là le Fils de David ?

24 Les pharisiens, ayant entendu cela, dirent : Cet homme ne chasse les démons que par Béelzébul, prince des démons.

25 Comme Jésus connaissait leurs pensées, il leur dit : Tout royaume divisé contre lui-même est dévasté, et toute ville ou maison divisée contre elle-même ne peut subsister.

26 Si Satan chasse Satan, il est divisé contre lui-même ; comment donc son royaume subsistera-t-il ?

27 Et si moi, je chasse les démons par Béelzébul, vos fils, par qui les chassent-ils ? C'est pourquoi ils seront eux-mêmes vos juges.

28 Mais, si c'est par l'Esprit de Dieu que je chasse les démons, le royaume de Dieu est donc venu vers vous.

29 Ou, comment quelqu'un peut-il entrer dans la maison d'un homme fort et piller ses biens, sans avoir auparavant lié cet homme fort ? Alors seulement il pillera sa maison.

30 Celui qui n'est pas avec moi est contre moi, et celui qui n'assemble pas avec moi disperse.

31 C'est pourquoi je vous dis : Tout péché et tout blasphème sera pardonné aux hommes, mais le blasphème contre l'Esprit ne sera point pardonné.

32 Quiconque parlera contre le Fils de l'homme, il lui sera pardonné ; mais quiconque parlera contre le Saint Esprit, il ne lui sera pardonné ni dans ce siècle ni dans le siècle à venir.

33 Ou dites que l'arbre est bon et que son fruit est bon, ou dites que l'arbre est mauvais et que son fruit est mauvais ; car on connaît l'arbre par le fruit.

34 Races de vipères, comment pourriez-vous dire de bonnes choses, méchants comme vous l'êtes ? Car c'est de l'abondance du au-delà que la bouche parle.

35 L'homme bon tire de bonnes choses de son bon trésor, et l'homme méchant tire de mauvaises choses de son mauvais trésor.

36 Je vous le dis : au jour du jugement, les hommes rendront compte de toute parole vaine qu'ils auront proférée.

37 Car par tes paroles tu seras justifié, et par tes paroles tu seras condamné.

38. Alors quelques-uns des scribes et des pharisiens prirent la parole, et dirent : Maître, nous voudrions te voir faire un miracle.

39 Il leur répondit : Une génération méchante et adultère demande un miracle ; il ne lui sera donné d'autre miracle que celui du prophète Jonas.

40 Car, de même que Jonas fut trois jours et trois nuits dans le ventre d'un grand poisson, de même le Fils de l'homme sera trois jours et trois nuits dans le sein de la terre.

41 Les hommes de Ninive se lèveront, au jour du jugement, avec cette génération et la condamneront, parce qu'ils se repentirent à la prédication de Jonas ; et voici, il y a ici plus que Jonas.

42 La reine du Midi se lèvera, au jour du jugement, avec cette génération et la condamnera, parce qu'elle vint des extrémités de la terre pour entendre la sagesse de Salomon, et voici, il y a ici plus que Salomon.

43 Lorsque l'esprit impur est sorti d'un homme, il va par des lieux arides, cherchant du repos, et il n'en trouve point.

44 Alors il dit : Je retournerai dans ma maison d'où je suis sorti ; et, quand il arrive, il la trouve vide, balayée et ornée.

45 Il s'en va, et il prend avec lui sept autres esprits plus méchants que lui ; ils entrent dans la maison, s'y établissent, et la dernière condition de cet homme est pire que la première. Il en sera de même pour cette génération méchante.

46. Comme Jésus s'adressait encore à la foule, voici, sa mère et ses frères, qui étaient dehors, cherchèrent à lui parler.

47 Quelqu'un lui dit : Voici, ta mère et tes frères sont dehors, et ils cherchent à te parler.

48 Mais Jésus répondit à celui qui le lui disait : Qui est ma mère, et qui sont mes frères ?

49 Puis, étendant la main sur ses disciples, il dit : Voici ma mère et mes frères.

50 Car, quiconque fait la volonté de mon Père qui est dans les cieux, celui-là est mon frère, et ma sœur, et ma mère. »

Matthieu 13

«*1. Ce même jour, Jésus sortit de la maison, et s'assit au bord de la mer.*

2 Une grande foule s'étant assemblée auprès de lui, il monta dans une barque, et il s'assit. Toute la foule se tenait sur le rivage.

3 Il leur parla en paraboles sur beaucoup de choses, et il dit :

4 Un semeur sortit pour semer. Comme il semait, une partie de la semence tomba le long du chemin : les oiseaux vinrent, et la mangèrent.

5 Une autre partie tomba dans les endroits pierreux, où elle n'avait pas beaucoup de terre : elle leva aussitôt, parce qu'elle ne trouva pas un sol profond ;

6 mais, quand le soleil parut, elle fut brûlée et sécha, faute de racines.

7 Une autre partie tomba parmi les épines : les épines montèrent, et l'étouffèrent.

8 Une autre partie tomba dans la bonne terre : elle donna du fruit, un grain cent, un autre soixante, un autre trente.

9 Que celui qui a des oreilles pour entendre entende.

10 Les disciples s'approchèrent, et lui dirent : Pourquoi leur parles-tu en paraboles ?

11 Jésus leur répondit : Parce qu'il vous a été donné de connaître les mystères du royaume des cieux, et que cela ne leur a pas été donné.

12 Car on donnera à celui qui a, et il sera dans l'abondance, mais à celui qui n'a pas on ôtera même ce qu'il a.

13 C'est pourquoi je leur parle en paraboles, parce qu'en voyant ils ne voient point, et qu'en entendant ils n'entendent ni ne comprennent.

14 Et pour eux s'accomplit cette prophétie d'Ésaïe : Vous entendrez de vos oreilles, et vous ne comprendrez point ; Vous regarderez de vos yeux, et vous ne verrez point.

15 Car le au-delà de ce peuple est devenu insensible ; Ils ont endurci leurs oreilles, et ils ont fermé leurs yeux, De peur qu'ils ne voient de leurs yeux, qu'ils n'entendent de leurs oreilles, Qu'ils ne comprennent de leur au-delà, Qu'ils ne se convertissent, et que je ne les guérisse.

16 Mais heureux sont vos yeux, parce qu'ils voient, et vos oreilles, parce qu'elles entendent !

17 Je vous le dis en vérité, beaucoup de prophètes et de justes ont désiré voir ce que vous voyez, et ne l'ont pas vu, entendre ce que vous entendez, et ne l'ont pas entendu.

18 Vous donc, écoutez ce que signifie la parabole du semeur.

19 Lorsqu'un homme écoute la parole du royaume et ne la comprend pas, le malin vient et enlève ce qui a été semé dans son au-delà : cet homme est celui qui a reçu la semence le long du chemin.

20 Celui qui a reçu la semence dans les endroits pierreux, c'est celui qui entend la parole et la reçoit aussitôt avec joie ;

21 mais il n'a pas de racines en lui-même, il manque de persistance, et, dès que survient une tribulation ou une persécution à cause de la parole, il y trouve une occasion de chute.

22 Celui qui a reçu la semence parmi les épines, c'est celui qui entend la parole, mais en qui les soucis du siècle et la séduction des richesses étouffent cette parole, et la rendent infructueuse.

23 Celui qui a reçu la semence dans la bonne terre, c'est celui qui entend la parole et la comprend ; il porte du fruit, et un grain en donne cent, un autre soixante, un autre trente.

24. Il leur proposa une autre parabole, et il dit : Le royaume des cieux est semblable à un homme qui a semé une bonne semence dans son champ.

25 Mais, pendant que les gens dormaient, son ennemi vint, sema de l'ivraie parmi le blé, et s'en alla.

26 Lorsque l'herbe eut poussé et donné du fruit, l'ivraie parut aussi.

27 Les serviteurs du maître de la maison vinrent lui dire : Seigneur, n'as-tu pas semé une bonne semence dans ton champ ? D'où vient donc qu'il y a de l'ivraie ?

28 Il leur répondit : C'est un ennemi qui a fait cela. Et les serviteurs lui dirent : Veux-tu que nous allions l'arracher ?

29 Non, dit-il, de peur qu'en arrachant l'ivraie, vous ne déraciniez en même temps le blé.

30 Laissez croître ensemble l'un et l'autre jusqu'à la moisson, et, à l'époque de la moisson, je dirai aux moissonneurs : Arrachez d'abord l'ivraie, et liez-la en gerbes pour la brûler, mais amassez le blé dans mon grenier.

31 Il leur proposa une autre parabole, et il dit : Le royaume des cieux est semblable à un grain de sénevé qu'un homme a pris et semé dans son champ.

32 C'est la plus petite de toutes les semences ; mais, quand il a poussé, il est plus grand que les légumes et devient un arbre, de sorte que les oiseaux du ciel viennent habiter dans ses branches.

33 Il leur dit cette autre parabole : Le royaume des cieux est semblable à du levain qu'une femme a pris et mis dans trois mesures de farine, jusqu'à ce que la pâte soit toute levée.

34 Jésus dit à la foule toutes ces choses en paraboles, et il ne lui parlait point sans parabole,

35 afin que s'accomplît ce qui avait été annoncé par le prophète : J'ouvrirai ma bouche en paraboles, Je publierai des choses cachées depuis la création du monde.

36 Alors il renvoya la foule, et entra dans la maison. Ses disciples s'approchèrent de lui, et dirent : Explique-nous la parabole de l'ivraie du champ.

37 Il répondit : Celui qui sème la bonne semence, c'est le Fils de l'homme ;

38 le champ, c'est le monde ; la bonne semence, ce sont les fils du royaume ; l'ivraie, ce sont les fils du malin ;

39 l'ennemi qui l'a semée, c'est le diable ; la moisson, c'est la fin du monde ; les moissonneurs, ce sont les anges.

40 Or, comme on arrache l'ivraie et qu'on la jette au feu, il en sera de même à la fin du monde.

41 Le Fils de l'homme enverra ses anges, qui arracheront de son royaume tous les scandales et ceux qui commettent l'iniquité :

42 et ils les jetteront dans la fournaise ardente, où il y aura des pleurs et des grincements de dents.

43 Alors les justes resplendiront comme le soleil dans le royaume de leur Père. Que celui qui a des oreilles pour entendre entende.

44. Le royaume des cieux est encore semblable à un trésor caché dans un champ. L'homme qui l'a trouvé le cache ; et, dans sa joie, il va vendre tout ce qu'il a, et achète ce champ.

45 Le royaume des cieux est encore semblable à un marchand qui cherche de belles perles.

46 Il a trouvé une perle de grand prix ; et il est allé vendre tout ce qu'il avait, et l'a achetée.

47 Le royaume des cieux est encore semblable à un filet jeté dans la mer et ramassant des poissons de toute espèce.

48 Quand il est rempli, les pêcheurs le tirent ; et, après s'être assis sur le rivage, ils mettent dans des vases ce qui est bon, et ils jettent ce qui est mauvais.

49 Il en sera de même à la fin du monde. Les anges viendront séparer les méchants d'avec les justes,

50 et ils les jetteront dans la fournaise ardente, où il y aura des pleurs et des grincements de dents.

51 Avez-vous compris toutes ces choses ? –Oui, répondirent-ils.

52 Et il leur dit : C'est pourquoi, tout scribe instruit de ce qui regarde le royaume des cieux est semblable à un maître de maison qui tire de son trésor des choses nouvelles et des choses anciennes.

53. Lorsque Jésus eut achevé ces paraboles, il partit de là.

54 S'étant rendu dans sa patrie, il enseignait dans la synagogue, de sorte que ceux qui l'entendirent étaient étonnés et disaient : D'où lui viennent cette sagesse et ces miracles ?

55 N'est-ce pas le fils du charpentier ? N'est-ce pas Marie qui est sa mère ? Jacques, Joseph, Simon et Jude, ne sont-ils pas ses frères ?

56 et ses sœurs ne sont-elles pas toutes parmi nous ? D'où lui viennent donc toutes ces choses ?

57 Et il était pour eux une occasion de chute. Mais Jésus leur dit : Un prophète n'est méprisé que dans sa patrie et dans sa maison.

58 Et il ne fit pas beaucoup de miracles dans ce lieu, à cause de leur incrédulité. »

Jésus de Nazareth, le fils premier né de Marie

Luc 2

«1. En ce temps-là parut un édit de César Auguste, ordonnant un recensement de toute la terre.

2 Ce premier recensement eut lieu pendant que Quirinius était gouverneur de Syrie.

3 Tous allaient se faire inscrire, chacun dans sa ville.

4 Joseph aussi monta de la Galilée, de la ville de Nazareth, pour se rendre en Judée, dans la ville de David, appelée Bethléhem, parce qu'il était de la maison et de la famille de David,

5 afin de se faire inscrire avec Marie, sa fiancée, qui était enceinte.

6 Pendant qu'ils étaient là, le temps où Marie devait accoucher arriva,

7 et elle enfanta son fils premier-né. Elle l'emmaillota, et le coucha dans une crèche, parce qu'il n'y avait pas de place pour eux dans l'hôtellerie.

8. Il y avait, dans cette même contrée, des bergers qui passaient dans les champs les veilles de la nuit pour garder leurs troupeaux.

9 Et voici, un ange du Seigneur leur apparut, et la gloire du Seigneur resplendit autour d'eux. Ils furent saisis d'une grande frayeur.

10 Mais l'ange leur dit : Ne craignez point ; car je vous annonce une bonne nouvelle, qui sera pour tout le peuple le sujet d'une grande joie :

11 c'est qu'aujourd'hui, dans la ville de David, il vous est né un Sauveur, qui est le Christ, le Seigneur.

12 Et voici à quel signe vous le reconnaîtrez : vous trouverez un enfant emmailloté et couché dans une crèche.

13 Et soudain il se joignit à l'ange une multitude de l'armée céleste, louant Dieu et disant :

14 Gloire à Dieu dans les lieux très hauts, Et paix sur la terre parmi les hommes qu'il agrée !

15 Lorsque les anges les eurent quittés pour retourner au ciel, les bergers se dirent les uns aux autres : Allons jusqu'à Bethléhem, et voyons ce qui est arrivé, ce que le Seigneur nous a fait connaître.

16 Ils y allèrent en hâte, et ils trouvèrent Marie et Joseph, et le petit enfant couché dans la crèche.

17 Après l'avoir vu, ils racontèrent ce qui leur avait été dit au sujet de ce petit enfant.

18 Tous ceux qui les entendirent furent dans l'étonnement de ce que leur disaient les bergers.

19 Marie gardait toutes ces choses, et les repassait dans son cœur.

20 Et les bergers s'en retournèrent, glorifiant et louant Dieu pour tout ce qu'ils avaient entendu et vu, et qui était conforme à ce qui leur avait été annoncé.

21. Le huitième jour, auquel l'enfant devait être circoncis, étant arrivé, on lui donna le nom de Jésus, nom qu'avait indiqué l'ange avant qu'il fût conçu dans le sein de sa mère.

22 Et, quand les jours de leur purification furent accomplis, selon la loi de Moïse, Joseph et Marie le portèrent à Jérusalem, pour le présenter au Seigneur, -

23 suivant ce qui est écrit dans la loi du Seigneur : Tout mâle premier-né sera consacré au Seigneur, -

24 et pour offrir en sacrifice deux tourterelles ou deux jeunes pigeons, comme cela est prescrit dans la loi du Seigneur.

25. Et voici, il y avait à Jérusalem un homme appelé Siméon. Cet homme était juste et pieux, il attendait la consolation d'Israël, et l'Esprit Saint était sur lui.

26 Il avait été divinement averti par le Saint Esprit qu'il ne mourrait point avant d'avoir vu le Christ du Seigneur.

27 Il vint au temple, poussé par l'Esprit. Et, comme les parents apportaient le petit enfant Jésus pour accomplir à son égard ce qu'ordonnait la loi,

28 il le reçut dans ses bras, bénit Dieu, et dit :

29 Maintenant, Seigneur, tu laisses ton serviteur S'en aller en paix, selon ta parole.

30 Car mes yeux ont vu ton salut,

31 Salut que tu as préparé devant tous les peuples,

32 Lumière pour éclairer les nations, Et gloire d'Israël, ton peuple.

33 Son père et sa mère étaient dans l'admiration des choses qu'on disait de lui.

34 Siméon les bénit, et dit à Marie, sa mère : Voici, cet enfant est destiné à amener la chute et le relèvement de plusieurs en Israël, et à devenir un signe qui provoquera la contradiction,

35 et à toi-même une épée te transpercera l'âme, afin que les pensées de beaucoup de au-delà soient dévoilées.

36 Il y avait aussi une prophétesse, Anne, fille de Phanuel, de la tribu d'Aser. Elle était fort avancée en âge, et elle avait vécu sept ans avec son mari depuis sa virginité.

37 Restée veuve, et âgée de quatre vingt-quatre ans, elle ne quittait pas le temple, et elle servait Dieu nuit et jour dans le jeûne et dans la prière.

38 Étant survenue, elle aussi, à cette même heure, elle louait Dieu, et elle parlait de Jésus à tous ceux qui attendaient la délivrance de Jérusalem.

39 Lorsqu'ils eurent accompli tout ce qu'ordonnait la loi du Seigneur, Joseph et Marie retournèrent en Galilée, à Nazareth, leur ville.

40 Or, l'enfant croissait et se fortifiait. Il était rempli de sagesse, et la grâce de Dieu était sur lui.

41. Les parents de Jésus allaient chaque année à Jérusalem, à la fête de Pâque.

42 Lorsqu'il fut âgé de douze ans, ils y montèrent, selon la coutume de la fête.

43 Puis, quand les jours furent écoulés, et qu'ils s'en retournèrent, l'enfant Jésus resta à Jérusalem. Son père et sa mère ne s'en aperçurent pas.

44 Croyant qu'il était avec leurs compagnons de voyage, ils firent une journée de chemin, et le cherchèrent parmi leurs parents et leurs connaissances.

45 Mais, ne l'ayant pas trouvé, ils retournèrent à Jérusalem pour le chercher.

46 Au bout de trois jours, ils le trouvèrent dans le temple, assis au milieu des docteurs, les écoutant et les interrogeant.

47 Tous ceux qui l'entendaient étaient frappés de son intelligence et de ses réponses.

48 Quand ses parents le virent, ils furent saisis d'étonnement, et sa mère lui dit : Mon enfant, pourquoi as-tu agi de la sorte avec nous ? Voici, ton père et moi, nous te cherchions avec angoisse.

49 Il leur dit : Pourquoi me cherchiez-vous ? Ne saviez-vous pas qu'il faut que je m'occupe des affaires de mon Père ?

50 Mais ils ne comprirent pas ce qu'il leur disait.

51 Puis il descendit avec eux pour aller à Nazareth, et il leur était soumis. Sa mère gardait toutes ces choses dans son au-delà.

52 Et Jésus croissait en sagesse, en stature, et en grâce, devant Dieu et devant les hommes. »

Jésus Christ est le fils unique de Dieu

Jean 3

«*1. Mais il y eut un homme d'entre les pharisiens, nommé Nicodème, un chef des Juifs,*

2 qui vint, lui, auprès de Jésus, de nuit, et lui dit : Rabbi, nous savons que tu es un docteur venu de Dieu ; car personne ne peut faire ces miracles que tu fais, si Dieu n'est avec lui.

3 Jésus lui répondit : En vérité, en vérité, je te le dis, si un homme ne naît de nouveau, il ne peut voir le royaume de Dieu.

4 Nicodème lui dit : Comment un homme peut-il naître quand il est vieux ? Peut-il rentrer dans le sein de sa mère et naître ?

5 Jésus répondit : En vérité, en vérité, je te le dis, si un homme ne naît d'eau et d'Esprit, il ne peut entrer dans le royaume de Dieu.

6 Ce qui est né de la chair est chair, et ce qui est né de l'Esprit est Esprit.

7 Ne t'étonne pas que je t'aie dit : Il faut que vous naissiez de nouveau.

8 Le vent souffle où il veut, et tu en entends le bruit ; mais tu ne sais d'où il vient, ni où il va. Il en est ainsi de tout homme qui est né de l'Esprit.

9 Nicodème lui dit : Comment cela peut-il se faire ?

10 Jésus lui répondit : Tu es le docteur d'Israël, et tu ne sais pas ces choses !

11 En vérité, en vérité, je te le dis, nous disons ce que nous savons, et nous rendons témoignage de ce que nous avons vu ; et vous ne recevez pas notre témoignage.

12 Si vous ne croyez pas quand je vous ai parlé des choses terrestres, comment croirez-vous quand je vous parlerai des choses célestes ?

13 Personne n'est monté au ciel, si ce n'est celui qui est descendu du ciel, le Fils de l'homme qui est dans le ciel.

14 Et comme Moïse éleva le serpent dans le désert, il faut de même que le Fils de l'homme soit élevé,

15 afin que quiconque croit en lui ait la vie éternelle.

16 Car Dieu a tant aimé le monde qu'il a donné son Fils unique, afin que quiconque croit en lui ne périsse point, mais qu'il ait la vie éternelle.

17 Dieu, en effet, n'a pas envoyé son Fils dans le monde pour qu'il juge le monde, mais pour que le monde soit sauvé par lui.

18 Celui qui croit en lui n'est point jugé ; mais celui qui ne croit pas est déjà jugé, parce qu'il n'a pas cru au nom du Fils unique de Dieu.

19 Et ce jugement c'est que, la lumière étant venue dans le monde, les hommes ont préféré les ténèbres à la lumière, parce que leurs œuvres étaient mauvaises.

20 Car quiconque fait le mal hait la lumière, et ne vient point à la lumière, de peur que ses œuvres ne soient dévoilées ;

21 mais celui qui agit selon la vérité vient à la lumière, afin que ses au-delà soient manifestées, parce qu'elles sont faites en Dieu.

22. Après cela, Jésus, accompagné de ses disciples, se rendit dans la terre de Judée ; et là il demeurait avec eux, et il baptisait.

23 Jean aussi baptisait à Énon, près de Salim, parce qu'il y avait là beaucoup d'eau ; et on y venait pour être baptisé.

24 Car Jean n'avait pas encore été mis en prison.

25 Or, il s'éleva de la part des disciples de Jean une dispute avec un Juif touchant la purification.

26 Ils vinrent trouver Jean, et lui dirent : Rabbi, celui qui était avec toi au-delà du Jourdain, et à qui tu as rendu témoignage, voici, il baptise, et tous vont à lui.

27 Jean répondit : Un homme ne peut recevoir que ce qui lui a été donné du ciel.

28 Vous-mêmes m'êtes témoins que j'ai dit : Je ne suis pas le Christ, mais j'ai été envoyé devant lui.

29 Celui à qui appartient l'épouse, c'est l'époux ; mais l'ami de l'époux, qui se tient là et qui l'entend, éprouve une grande joie à cause de la voix de l'époux : aussi cette joie, qui est la mienne, est parfaite.

30 Il faut qu'il croisse, et que je diminue.

31 Celui qui vient d'en haut est au-dessus de tous ; celui qui est de la terre est de la terre, et il parle comme étant de la terre. Celui qui vient du ciel est au-dessus de tous,

32 il rend témoignage de ce qu'il a vu et entendu, et personne ne reçoit son témoignage.

33 Celui qui a reçu son témoignage a certifié que Dieu est vrai ;

34 car celui que Dieu a envoyé dit les paroles de Dieu, parce que Dieu ne lui donne pas l'Esprit avec mesure.

35 Le Père aime le Fils, et il a remis toutes choses entre ses mains.

36 Celui qui croit au Fils a la vie éternelle ; celui qui ne croit pas au Fils ne verra point la vie, mais la colère de Dieu demeure sur lui. »

1 Jean 4

«1. Bien-aimés, n'ajoutez pas foi à tout esprit; mais éprouvez les esprits, pour savoir s'ils sont de Dieu, car plusieurs faux prophètes sont venus dans le monde.

2 Reconnaissez à ceci l'Esprit de Dieu: tout esprit qui confesse Jésus Christ venu en chair est de Dieu;

3 et tout esprit qui ne confesse pas Jésus n'est pas de Dieu, c'est celui de l'antéchrist, dont vous avez appris la venue, et qui maintenant est déjà dans le monde.

4. Vous, petits-enfants, vous êtes de Dieu, et vous les avez vaincus, parce que celui qui est en vous est plus grand que celui qui est dans le monde.

5 Eux, ils sont du monde; c'est pourquoi ils parlent d'après le monde, et le monde les écoute.

6 Nous, nous sommes de Dieu; celui qui connaît Dieu nous écoute; celui qui n'est pas de Dieu ne nous écoute pas: c'est par là que nous connaissons l'esprit de la vérité et l'esprit de l'erreur.

7. Bien-aimés, aimons nous les uns les autres; car l'amour est de Dieu, et quiconque aime est né de Dieu et connaît Dieu.

8 Celui qui n'aime pas n'a pas connu Dieu, car Dieu est amour.

9 L'amour de Dieu a été manifesté envers nous en ce que Dieu a envoyé son Fils unique dans le monde, afin que nous vivions par lui.

10 Et cet amour consiste, non point en ce que nous avons aimé Dieu, mais en ce qu'il nous a aimés et a envoyé son Fils comme victime expiatoire pour nos péchés.

11 Bien-aimés, si Dieu nous a ainsi aimés, nous devons aussi nous aimer les uns les autres.

12 Personne n'a jamais vu Dieu; si nous nous aimons les uns les autres, Dieu demeure en nous, et son amour est parfait en nous.

13 Nous connaissons que nous demeurons en lui, et qu'il demeure en nous, en ce qu'il nous a donné de son Esprit.

14. Et nous, nous avons vu et nous attestons que le Père a envoyé le Fils comme Sauveur du monde.

15 Celui qui confessera que Jésus est le Fils de Dieu, Dieu demeure en lui, et lui en Dieu.

16 Et nous, nous avons connu l'amour que Dieu a pour nous, et nous y avons cru. Dieu est amour; et celui qui demeure dans l'amour demeure en Dieu, et Dieu demeure en lui.

17. Tel il est, tels nous sommes aussi dans ce monde: c'est en cela que l'amour est parfait en nous, afin que nous ayons de l'assurance au jour du jugement.

18 La crainte n'est pas dans l'amour, mais l'amour parfait bannit la crainte; car la crainte suppose un châtiment, et celui qui craint n'est pas parfait dans l'amour.

19 Pour nous, nous l'aimons, parce qu'il nous a aimés le premier.

20 Si quelqu'un dit: J'aime Dieu, et qu'il haïsse son frère, c'est un menteur; car celui qui n'aime pas son frère qu'il voit, comment peut-il aimer Dieu qu'il ne voit pas?

21 Et nous avons de lui ce commandement: que celui qui aime Dieu aime aussi son frère. »

Déclaration venue du Ciel disant « Tu es mon Fils bien-aimé … »

Luc 3

«*1. La quinzième année du règne de Tibère César, -lorsque Ponce Pilate était gouverneur de la Judée, Hérode tétrarque de la Galilée, son frère Philippe tétrarque de l'Iturée et du territoire de la Trachonite, Lysanias tétrarque de l'Abilène,*

2 et du temps des souverains sacrificateurs Anne et Caïphe, -la parole de Dieu fut adressée à Jean, fils de Zacharie, dans le désert.

3 Et il alla dans tout le pays des environs de Jourdain, prêchant le baptême de repentance, pour la rémission des péchés,

4 selon ce qui est écrit dans le livre des paroles d'Ésaïe, le prophète: C'est la voix de celui qui crie dans le désert: Préparez le chemin du Seigneur, Aplanissez ses sentiers.

5 Toute vallée sera comblée, Toute montagne et toute colline seront abaissées; Ce qui est tortueux sera redressé, Et les chemins raboteux seront aplanis.

6 Et toute chair verra le salut de Dieu.

7 Il disait donc à ceux qui venaient en foule pour être baptisés par lui: Races de vipères, qui vous a appris à fuir la colère à venir?

8 Produisez donc des fruits dignes de la repentance, et ne vous mettez pas à dire en vous-mêmes: Nous avons Abraham pour père! Car je vous déclare que de ces pierres Dieu peut susciter des enfants à Abraham.

9 Déjà même la cognée est mise à la racine des arbres: tout arbre donc qui ne produit pas de bons fruits sera coupé et jeté au feu.

10 La foule l'interrogeait, disant: Que devons-nous donc faire?

11 Il leur répondit: Que celui qui a deux tuniques partage avec celui qui n'en a point, et que celui qui a de quoi manger agisse de même.

12 Il vint aussi des publicains pour être baptisés, et ils lui dirent: Maître, que devons-nous faire?

13 Il leur répondit: N'exigez rien au delà de ce qui vous a été ordonné.

14 Des soldats aussi lui demandèrent: Et nous, que devons-nous faire? Il leur répondit: Ne commettez ni extorsion ni fraude envers personne, et contentez-vous de votre solde.

15. Comme le peuple était dans l'attente, et que tous se demandaient en eux-même si Jean n'était pas le Christ,

16 il leur dit à tous: Moi, je vous baptise d'eau; mais il vient, celui qui est plus puissant que moi, et je ne suis pas digne de délier la courroie de ses souliers. Lui, il vous baptisera du Saint Esprit et de feu.

17 Il a son van à la main; il nettoiera son aire, et il amassera le blé dans son grenier, mais il brûlera la paille dans un feu qui ne s'éteint point.

18 C'est ainsi que Jean annonçait la bonne nouvelle au peuple, en lui adressant encore beaucoup d'autres exhortations.

19 Mais Hérode le tétrarque, étant repris par Jean au sujet d'Hérodias, femme de son frère, et pour toutes les mauvaises actions qu'il avait commises,

20 ajouta encore à toutes les autres celle d'enfermer Jean dans la prison.

21. Tout le peuple se faisant baptiser, Jésus fut aussi baptisé; et, pendant qu'il priait, le ciel s'ouvrit,

22 et le Saint Esprit descendit sur lui sous une forme corporelle, comme une colombe. Et une voix fit entendre du ciel ces paroles: Tu es mon Fils bien-aimé; en toi j'ai mis toute mon affection.

23 Jésus avait environ trente ans lorsqu'il commença son ministère, étant, comme on le croyait, fils de Joseph, fils d'Héli,

24 fils de Matthat, fils de Lévi, fils de Melchi, fils de Jannaï, fils de Joseph,

25 fils de Mattathias, fils d'Amos, fils de Nahum, fils d'Esli, fils de Naggaï,

26 fils de Maath, fils de Mattathias, fils de Sémeï, fils de Josech, fils de Joda,

27 fils de Joanan, fils de Rhésa, fils de Zorobabel, fils de Salathiel, fils de Néri,

28 fils de Melchi, fils d'Addi, fils de Kosam, fils d'Elmadam, fils D'Er,

29 fils de Jésus, fils d'Éliézer, fils de Jorim, fils de Matthat, fils de Lévi,

30 fils de Siméon, fils de Juda, fils de Joseph, fils de Jonam, fils d'Éliakim,

31 fils de Méléa, fils de Menna, fils de Mattatha, fils de Nathan, fils de David,

32 fils d'Isaï, fils de Jobed, fils de Booz, fils de Salmon, fils de Naasson,

33 fils d'Aminadab, fils d'Admin, fils d'Arni, fils d'Esrom, fils de Pharès, fils de Juda,

34 fils de Jacob, fils d'Isaac, fils d'Abraham, fis de Thara, fils de Nachor,

35 fils de Seruch, fils de Ragau, fils de Phalek, fils d'Éber, fils de Sala,

36 fils de Kaïnam, fils d'Arphaxad, fils de Sem, fils de Noé, fils de Lamech,

37 fils de Mathusala, fils d'Énoch, fils de Jared, fils de Maléléel, fils de Kaïnan,

38 fils d'Énos, fils de Seth, fils d'Adam, fils de Dieu. »

Printed by Books on Demand GmbH, Norderstedt / Germany